THE BEACHES
OF THULE

Poems by Jean Laude

Translated by David Cloutier

KOSMOS
San Francisco
1984

MODERN POETS IN TRANSLATION SERIES
(Volume III)

KOSMOS books are sewn and printed on acid free (neutral pH) paper
to ensure the integrity and long life span of each creation.

Library of Congress Cataloging in Publication Data

Laude, Jean, 1922–
   The beaches of Thulé.

   (Modern poets in translation series ; v. 3)
   English and French.
   Translation of: Les plages de Thulé.
   Bibliography: p.
   1. Laude, Jean, 1922–   —Translations, English.
I. Cloutier, David. II. Title. III. Series.
PQ2623.A742P613 1984   841'.914   84-48261
ISBN 0-916426-09-2 (alk. paper)
ISBN 0-916426-10-6 (alk. paper : pbk.)

KOSMOS
381 Arlington Street
San Francisco, CA 94131
USA

*Special thanks to my wife Anne, my brother Kevin,
Susanna Lang, Rachelle Levy, Janet Procaccini,
Fernande Silverthorne, Pierre Schneider, Rosmarie Waldrop,
and the author for their helpful and useful suggestions.*

FOREWORD

Modern, as I use it in the title for this series *(Modern Poets in Translation)* does not imply simply "new" or "recent" or "original." If Picasso is modern, then so are Blake and Beethoven. If Baudelaire and Whitman, then Copernicus. No. It is not simply the "new" which is modern; something else—some pervasive element running through the works of these artists makes them modern for us: an unrelenting ingredient of transfiguration and regeneration which severs, absorbs and continues itself, which shatters, heals and then embraces itself and that emptiness from which it came—the reflection of its own gaze. The distinguishing element of the modern poem is *negation, criticism:* the power of the modern poem exists in so far as these two elements (which are identical) exist. The modern poem is also paradox, contradiction: to *negate* is to destroy, transmute, but at the same time to *continue,* the past, the world, history.

A love poem by Sappho is a *work,* it is *living.* The modern poem is always more: it too lives but in a radically different way: it is language face to face with itself, language which rips off the mask of chatter to find that *otherness* in the world—*You.* Critical of the history into which it was born and conscious of the necessity to transmute, to transfigure this history into true reality—the *Present*—modern poetry is the regeneration of time as *presence:* this *moment, now, here, with you.*

The poem is rupture, a break in the suffocating chain of history. The modern poem is rupture and simultaneously continuation and renewal of the past. Born into the continuum of history, the poet celebrates the attempt to annul history, or at least to neutralize it, to re-create it—by returning to the beginning of beginnings, the origin of the world, return to that time when the Word was unfettered, unfragmented, when dichotomies did not exist, when Freedom & Action were inseparable.

If the infinite echo of that mutation we call *history,* its inertia of silence, residing in our minds and pockets makes us

vii

walk slower than we would like, dissolving the living shadows
of our breath, our movement, annuling the reveries of the
touching skin; if laughter is made cripple because of the
shroud history causes to loom above and beneath our stare,
our look; and if the imagination sings with a tongue deformed
and contaminated by the barbed wire of "progress," then we
have a right to ask: How much is it possible to transmute this
history, to metamorphosize the mutilation of our senses into
a planetary sensibility, to *become what we may be:* to *Invent
Ourselves?*

This question and the insinuation it simultaneously gives
birth to are present in the work of the modern poet. The
poem, unlike prose, does not attempt to *explain* the world, it
re-creates it. This means stripping history bare into its real
form: *time.* Time in the poem is the instantaneous present,
here, now.* Time as presence is the poem. The modern poem:
language as intentionality, image, analogy: negation, criticism:
language as movement toward itself, its shadow in perpetual
pursuit of that otherness in the world—the *You*; language as
its own death and unending rebirth.

If, for Baudelaire, the poem is the analogy of the uni-
verse, it must be because the poem, through its own energy,
its own directive, continually destroys and re-creates history:
time. The poem does this by annuling at the velocity of light
the expansion and recession of history, of "progress," and
therefore time.

Sappho and Dante are not modern in the sense I have
just outlined because their works exist in *uncritical* time. For
the ancients time was, as Aristotle believed, periodic, cyclical,
everlasting circular motion. The winged hound of Zeus would
devour each day the liver of Prometheus—Aeschylus tells us.
Beginning with St. Augustine, this Greek conception of circu-
lar time is displaced by an unrelenting, irreversible, rectilinear
movement of history. This would continue, Augustine be-
lieved, for a finite time until that Day of days—Judgment—
brings us eternal, unchanging ecstasy or flails the human skin

---

*To learn to see to hear to say
                              The instantaneous
Is our trade. . . .
                                        —Octavio Paz in "Letter to León Felipe"

numb in hell. God will dissolve time; motion will swallow it-
self. There will no longer be death because birth will have
been abolished. It is this concept of time Dante inherits and
out of which he constructs the supreme architecture of his
Divine Comedy.

The modern poem is a criticism, a destruction, a trans-
mutation of everlasting circular time and Christian rectilinear
time into the *Present.* With Blake and the Romantics, Con-
sciousness and the Imagination are reconciled: the poem an-
nounces itself as a progression of contraries: negation and
continuation, history and prophecy, dream and action. Mod-
ern poetry *comprehends time* for the first time in its authen-
tic form: the *Instantaneous Present.* The false mask, once
removed, can never again be put on. Energy becomes, is the
same as, Eternal Delight.

> —Kosrof Chantikian
> General Editor—*Modern Poets in Translation*
> San Francisco

CONTENTS

These translations are for Anne

LA NUIT OBSCURE

Entre ma vie et moi, la vie s'est mise en route. Et cet échange,
fil après fil, pour me tramer dans le sang. Entre ma vie et
moi, je ne me connais plus.

En ton sillage d'étoiles, je cherche le sommeil. Sur ton épaule,
il vole en éclats.

Comme une lampe dans les bois.

La nuit est facile comme de l'eau. On se bat aux frontières de
l'espoir.

Si proche de la mort, la nuit est de nulle épaisseur. Le silence
tombe comme la foudre. La solitude raréfie l'air. Une foule
et ce ne sont que grains de sable, à former une dune.

Entre me vie et moi.

Les portes s'ouvrent, se referment. Me voici comme l'écho
dans une chambre.

*Entre ma vie et moi, une brume se lève : des mots à n'en plus
finir, des gestes froids.*

Ainsi est mon image : un enfant me guidant par le doigt.

Est ton corps où je viens vivre. Entre ma vie et moi, ce que
je cherche?

DARK NIGHT

Between my life and myself, life started out. And that exchange, thread by thread, weaving me in blood. Between my life and myself, I no longer know me.

In your starry wake, I look for sleep. Over your shoulder, it bursts into pieces.

Like a lamp in the woods.

Night is easy like water. Fighting at the limits of hope.

So close to death, night lacks depth. Silence drops like a bolt of lightning. Solitude thins the air. A crowd and they are but grains of sand, forming a dune.

Between my life and myself.

Doors swing open, swing shut. Here I am like the echo in a room.

Between my life and myself, a fog lifts up: endless words, cold gestures.

This is my image: a child leading me by the finger.

Your body is where I come to life. Between my life and myself, is this what I look for?

La lumière est à mes mains. Un navire appareille.

Ton corps est un collier d'eau froide,
                              entre la vie et moi, la
    permanence d'un appel : au creux d'une forêt, la maison
    est ouverte, la table est mise pour le pain.

Pour l'épaisseur à conquérir, pour le poids à donner, que de
    gestes à refaire, aveugle. De moi, je ne sais plus que ces
    épaves. L'été est à bâtir.

On vit sans nous. La solitude est maigre. Une chienne battue
    lèche le bois de la porte éventrée. Entre ma vie et moi, les
    nuages filent, les loups attendent.

La nuit est froide, à en mourir.

Comme une lampe dans les bois,
Ainsi qu'une ombre nous côtoie, et nul échange.

La nuit est facile, comme de l'eau.

Le visage trempé de l'aurore, qui oserait y naître ?

Voici mes mains. Voici mes yeux

Comme une folle dans les bois, la vertu chante. Nul ne la
    reconnaît.

The light is in my hands. A ship sets sail.

Your body is a necklace of cold water,
                                    between life and myself,
     the permanence of a call: in the forest depths, the open
     house, the table set for bread.

Conquering depth, providing weight, how many gestures to
     make over blind. About myself, I know only these shards.
     Summer to build again.

They live without us. Solitude is meager. A beaten dog licks
     the wood of the broken door. Between my life and myself,
     clouds depart, wolves are waiting.

Night grows so cold you could die.

Like a lamp in the woods,
As if a shadow skirts by us, and nothing's said.

Night is easy, like water.

Drenched face of dawn, who'd dare to be born there?

Here are my hands. My eyes.

Like a madwoman in the woods, virtue sings. No one knows
     her.

Les Iles sous le Vent.

De ce jour à ce jour, une nage sans abri. La mer est lourde.
Où le temps coule à pic, l'innocence s'étend. Je parle de
raison.

Une main tire la tenture. Ainsi glisse l'alose et change l'eau.

De ce jour à ce jour, entre ton corps et moi, la nuit est une
rose qui saigne. La mort nous appartient. De ce jour à la
nuit, proche est cette présence. Entre la chambre et moi,
la vie est dans son aube.

L'estimation juste du regard, voici le bien. L'estimation retenue
du regard, voici le beau. Entre ma vie et moi, il n'est plus
de miroirs.

Islands beneath the Wind.

From that day to this: a homeless floating. The sea is heavy.
Where time sinks fast, innocence expands. I speak with
reason.

*A hand draws back the curtain. And so the herring glides and
the water's transformed.*

From that day to this, between your body and mine, night is
a bleeding rose. Death belongs to us. From this day to
night, that presence draws close. Between the room and
myself, life is dawning.

True estimation of the glance: here is goodness. Restrained
estimation of the glance: here is beauty. Between my life
and myself, there are no more mirrors.

LE JEU D'ÉCHECS SOUS LE SABLE

Où les Rois dorment dans les signes, à table ouverte pour
   le sang, le fanal de soie dans les tempêtes, le fanal de fer
   dans le sel,
Où les Rois tiennent dans la pierre le poulpe rouge du soleil,
Le fanal fixe un visage dans la nuit.

Aile ou morfil, l'horizon a toujours ce poids du couteau sur
   la gorge. La mer est lourde. Elle chavire. Le ciel s'enfonce
   dans le plomb. Sur la vase, au radoub, une barque pourrit.
   Un oiseau passe et repasse. Il disparaît dans son reflet.

Entre le temps et moi, quel parcours tissu d'étincelles ? Le
   silence est au poids, jaugé de mains aveugles. A la morte-
   eau, les algues se nouent sur le sable.
Algèbre de douleurs sur le sable tracée, une horloge, mon
   sang, le chiffre de mes veines. Quels pas de moi s'éloignent ?
   Quels pas s'effacent ?
La figure est étroite et je marche. L'épure est masquée dans
   les dunes. Un jeu d'échecs est caché sous le sable. Et la
   formule est foudroyée.

Entre le ciel et l'eau, nul échange. Entre l'argile et les corps.
   Tout est givre dans l'air, comme sur une vitre. Il n'est plus
   d'épaisseur. La lumière change de signe.

A chaque tournant que je prends, s'ouvre une plage, un
   charroi de clartés. Ainsi la mort : un visage entre les
   pierres, comme une porte sur l'Océan.

THE GAME OF CHESS BENEATH THE SAND

Where the Kings sleep in the signs, on the slab open for
    blood, the silky lantern in the gales, the iron lantern in
    the salt,
Where the Kings grip tight in the stone the red octopus of
    the sun,
The lantern holds still a face in the night.

Wing or wire-edge, the horizon always has this weight, the
    knife against the throat. The sea is heavy. It overturns.
    The sky plunges into lead. On the mud, dry-docked, a boat
    rots. A bird goes by and by again. Disappears into its
    reflection.

Between time and myself, what distance made of sparks? The
    weight of silence measured in blind hands. At neap tide,
    the algae knot in the sand.
Algebra of sorrows drawn in the sand, a clock, my blood, the
    cipher of my veins. What steps move away from me? What
    steps wear away?
The form is strict and I walk. The diagram concealed by the
    dunes. A game of chess hidden beneath the sand. And the
    pattern lightning-struck.

Between sky and water, no exchange. Between the clay and
    the bodies. Everything is frost in the air, as on a window-
    pane. It has no depth. The light changes signs.

At every turn I take, a beach opens out, a cart of lights. This
    is death: a face between stones, like a door on the Ocean.

Le jeu d'échecs sous le sable. Le jeu d'échecs sous le sable.
Entre le temps et moi, quel parcours d'étincelles. Un
convoi de ténèbres s'enfonce dans la mer. Une horloge, mon
sang. Un visage entre les pierres. Je ne vois que figures
distinctes, la trace d'une algèbre sur la vitre.

Le jeu d'échecs sous le sable, épure claire foudroyée.

Rien que la table de pierre. L'orage est suspendu aux feuilles.
Rien qu'un cri de bête, à l'aube. Le sang, il faut remonter
à la source.

Aile ou morfil, l'horizon sur la mer, où les Rois dorment sous
les signes, ainsi la mort : un visage masqué entre les pierres,
l'eau vide d'un miroir.

L'épure s'anime. Au centre, un vent se lève. La barque
tremble dans le flux. Quel amour — ce visage que fixe le
fanal, quelle clarté dans la chair, comme l'orage sur l'aubier,
quel amour — ce visage contre la vitre ?

Aile ou morfil, l'horizon sur la gorge, la trace de l'oiseau sur
le mur, je te regarde. Où les Rois dorment dans les signes,
le sang, il faut aller jusqu'au profond fruit noir.

Carnac, Novembre 1950.

The game of chess beneath the sand. The game of chess be-
neath the sand. Between time and myself, what distance
made of sparks. A convoy of shadows plunges into the sea.
A clock, my blood. A face between stones. I only see dis-
tinct forms, trace of algebra on the windowpane.

The game of chess beneath the sand, clear diagram lightning-
struck.

Nothing but the slab of stone. The gale suspended in the
leaves. Nothing but an animal cry, at dawn. Blood must
climb to the source once more.

Wing or wire-edge, the horizon on the sea, where the Kings
sleep beneath the signs, this is death: a face concealed
between stones, a mirror's empty water.

The diagram comes to life. In the center, a wind lifts up.
The boat rocking on the ebbing tide. What love—this face
the lantern holds, what brightness in the flesh, like the
storm above the sap-wood, what love—this face against the
window?

Wing or wire-edge, horizon to the throat, trace of a bird on
the wall, I look at you. Where the Kings sleep in the signs,
the blood, you must go as far as the deep black fruit.

Carnac, November 1950.

LES PLAGES DE THULÉ . . .

Les plages de Thulé — passées les brumes d'encre où la nuit
  nous respire — ont cet aspect doré que rend sensible leur
  accueil, quand le soleil dévale.
Les plages de Thulé — le sable en est si fin qu'il efface les
  traces, aussitôt que marquées — longent une muraille au
  grain tendre et soyeux.
Les plages de Thulé — lorsque au large, le vent siffle et rage —
  apaisent le regard, apaisent celui-là qui sommeille et qui
  s'éveille à son sommeil.

Les plages de Thulé ne sont qu'une ruée de solitude. Consolent
  l'isolé.
Les plages de Thulé, qui jamais songerait à découvrir la faille
  de leurs hautes falaises ?

Les plages de Thulé, grèves immaculées — un fin réseau de
  chants nous captive et retient — ne sont qu'une promesse
  enivrante et si douce
Que, pour elles déjà, nous avons oublié l'ambre d'alliance et
  de fidélité, au cœur du pays concilié.

THE BEACHES OF THULE . . .

The beaches of Thule—swept by mists of ink where the night
inhales us—have that golden appearance which renders per-
ceptible their welcome, when the sun rushes down.
The beaches of Thule—with sand so fine, erasing the prints
as soon as they're made—run along a high wall with delicate
and silky grains.
The beaches of Thule—when on high seas, the winds whistle
and rage—soothe the glance, soothe the one who sleeps and
wakes in his sleep.

The beaches of Thule are only an onrush of solitude. Com-
forting the lonely.
The beaches of Thule—who would ever dream of discovering
a break in their high cliffs?

The beaches of Thule—immaculate shores—a fine net of songs
captures and holds us—are only an intoxicating promise and
so soft
That, for them, we've already forgotten the amber of union
and faithfulness, at the heart of the reconciled country.

A TOUT JAMAIS . . .

A tout jamais et maintenant, me voici embarqué vers une terre inaccessible et proche.

Falaises de la douleur! Elles sont tendres au toucher, comme une femme qui sommeille.

La mer est ténébreuse. Un fanal tremble sur la côte. Il éclaire parfois la haute levée d'un arbre, dans le vent.

Landes grises au loin, arides apaisant le feu de l'espérance!

Il y a cette lassitude océane, un rythme glauque et froid qui me retire à tout ce que je suis.

Il y a cette terre, ici et maintenant, très proche, à tout jamais inaccessible.

NOW AND FOREVER . . .

Now and forever, here I am heading toward a land inaccessible and near.

Cliffs of suffering! They're soft to touch, like a woman asleep.

The sea is dark. A lantern flickers on the coast. At times it lights up the high thrusting of a tree, into the wind.

Gray moors in the distance, arid quenching the fire of hope!

There's this oceanic weariness, a rhythm sea-green and cold that draws me back to all that I am.

There's this land, here and now, so near, inaccessible forever.

VOICI LE CIEL ET VOICI L'ÉTENDUE . . .

Voici le ciel et voici l'étendue, la mer à l'horizon du geste.
   Droite et grise à son seuil, la pierre est mangée d'ombres.
   Et c'est mémoire amère signifiée.

J'habite l'ardoise où le feu s'époumonne. J'épouse le sommeil,
   il est du sang qui se retire.

La lampe brûle sur la table. Une parole obscure, une parole
   au loin se forme dans l'épaisseur. Et j'écoute la nuit qu'elle
   doit convertir.

La lande est veuve où le vent tient assises. Le feuillage muet
   ne s'ouvre sur le ciel ; le feuillage troué ne tremble ni ne
   trouble une image de l'ombre.

*Telle est la mort : une étendue, un ciel désaffecté. Telle est
la mort : de hautes futaies noires, masses ruinées.*

Un arbre au dehors flambe, est-ce lampe ou fanal ? Une lueur
   a renversé les murs.

Nulle à l'accueil et seul abri, la chambre est suspendue. La
   table est blanche. Je ne vois que ce clou, la lèpre du métal.

Gris de la chambre et de la mer, je suis où je ne suis, entre des
   murs liquides qui se dressent en moi. Il y a ce temps et ce
   temps où je bataille.

HERE THE SKY AND HERE THE EXPANSE . . .

Here the sky and here the expanse, the sea to the horizon of
the gesture. Straight up and gray on its threshold, the
stone's devoured by shadows. And bitter memory's signified.

I inhabit the slate where the fire pants. I embrace the sleep of
the ebbing blood.

The lamp burns on the table. A dark word, a word far off
takes shape in the depths. And I listen to the night that
must be transformed by it.

The moors are bereft where the wind holds court. The mute
foliage doesn't open on the sky; the perforated leaves neither
rustle nor disturb the shadow's image.

*This is death: an expanse, a disaffected sky. This is death: tall
black forests, ruined masses.*

Outside a tree flares up, a lamp or a lantern? A flash overthrew
the walls.

No one to receive us, only shelter, the room's suspended. The
table white. Only this nail I see, the leprosy of metal.

Gray of the room and the sea, I am where I am not, between
liquid walls rising up in me. There is this time and that time
when I do battle.

Sais-je que cette chambre est l'ombre que je creuse ? La houle
me retient et nappe l'étendue, plage de grêle et de grésil.

J'habite l'ardoise. La lande est veuve. Froide et prise à son
seuil, la pierre amère est érigée.

Do I know this room is the shadow I hollow out? The swell
  holds me back and coats the expanse, beach of sleet and hail.

I inhabit the slate. The moors are bereft. Cold and caught on
  its threshold, the bitter stone's set up.

LAC

C'est d'un lac que je parle. Des forêts sombres, des montagnes
nues l'entourent. Sauvagement, tel est ce lac. Non pas
sauvage : sauvagement.
Tel est ce lac : une pierre noire et transparente un peu, une
pierre nue prise dans de la pierre. Le ciel aussi est cette
pierre froide et nue, un peu transparente, qui pèse. Qui
pèse sauvagement.
Tout le long de l'allée qui entoure le lac, veillent des statues
blanches. De belles exilées veillent aux rives de ce lac
sombre et nu. Dans les auberges, on attend le berger ou le
chasseur. Peut-être un étranger qu'un enfant guide par la
main.

Tu te penches aux bords de l'esplanade nue, tu consultes la
table où se sont attardés les blancs convives. Tu cherches
dans ce lac l'inexpugnable rien, la double image inverse.

Ce rien qui n'est que rien, solide, inexpugnable, à jamais aucun
nom ne le dira. Nom inconnu, caché depuis longtemps, à
jamais oublié. Mais nous le prononçons, secret, pierre nue
prise dans la pierre.

Tu es cet étranger que peut-être on attend. Sauras-tu con-
naître et reconnaître, entre tous les sentiers, celui-là qui
descend ? Il est tard maintenant. En ce peu de transparence,
aux bords de l'esplanade noir et nue, les statues veillent et
s'animent.

Le blanc des ossements, est-ce le blanc des blanches exilées ?
Elles voyagent dans le froid, dans l'eau vive, en ce peu de
transparence entre l'eau noire et le ciel noir.

LAKE

I speak of a lake. Dark forests, naked mountains surround it.
  Wildly, this lake. Not wild: wildly.
This lake: a black stone, transparent a bit, a naked stone
  caught inside stone. The sky too is this cold and naked
  stone, a bit transparent, which weighs and bears down wildly.
All along the path surrounding the lake, white statues keep
  watch. Beautiful exiles watch over the shores of this dark
  and naked lake. In the inns, someone waits for the shepherd
  or hunter. Perhaps a stranger a child leads by the hand.

You lean over the edge of the naked esplanade, you consult
  the table where the white guests lingered. You seek in this
  lake the impregnable nothing, the double inverse image.

This nothing that's only nothing, solid, impregnable, no name
  will ever say it. Unknown name, hidden a long time, for-
  gotten forever. But we pronounce it, secret, naked stone
  caught inside stone.

You are that stranger someone is waiting for perhaps. Will
  you know how to tell and tell again, among all the paths,
  which one descends? It's late now. In this bit of transpar-
  ence, at the edge of the black and naked esplanade, statues
  keep watch, come alive.

White of bones, is it the white of the white exiles? They move
  on into the cold, the living water, in this bit of transparence
  between black water and black sky.

Tu as suivi le détour des sentiers. L'ombre gagnait la rive. Et
   les montagnes étaient nues, les forêts plus profondes. Tu
   n'as pas vu l'enfant qui attendait. Maintenant, tu te penches
   au-dessus du lac nu.

C'est de l'exil, maintenant, que je parle, et de son chemin.
   Long chemin jusqu'à cette esplanade où veillent les statues.

De l'auberge, te parviennent des voix. Comme des verres qui
   se brisent.

Et tel est cet exil : je ne l'apaiserai. Il faut ici veiller, atten-
   dre. Et seulement veiller. Bras étendus, la nuit se couche
   et pèse et se plaint. Forme sauvagement, en sa bouche
   sauvage, le nom caché, inexpugnable et jamais dit.

Traunkirchen, Août 1954.

You've followed the winding paths. The shadow was reaching the shore. And the mountains were naked, the forests deeper. You didn't see the child who was waiting. Now, you lean over the naked lake.

Now, I speak of this exile, and its path. Long path down to this esplanade where statues keep watch.

From the inn, voices reach you. Like glasses breaking.

And this exile, I'll never appease it. One must keep watch here and wait. And keep watch only. Arms outstretched, the night sinks down and groans. Wildly shapes, in its wild mouth, the hidden name, impregnable and never told.

Traunkirchen, August 1954.

ENTRE L'ARBRE ET LE MOT

Qui es-tu qui te penches, au-dessus de l'eau vive ?

L'eau courante te trouble. Arrache ton feuillage et te le restitue.

Qui es-tu qui t'ériges, face au mur ébloui ?

Autour de toi, la lumière s'avance. Et tu renais plus noir, face au mur ébloui.

Quelle parole nommerait cet arbre simple et roux qui écrit sur la berge la mémoire du soleil ?

Qui es-tu ? Le silence t'a décharné.

La parole est la vague qui s'ouvre dans le monde et invente à l'entour les hauts remparts du temps.

Mais l'arbre est comme l'arbre. Rien que cet arbre que je vois.

Semblance de cet arbre et de ce mot, la Reine Verte passe entre l'arbre et le mot.

Mots de mémoire, striés d'amour et de silence, vous vivez notre mort proche du vent.

Feu passager entre le temps et moi, les mots tracent l'éclair fugace.

BETWEEN TREE AND WORD

Who are you, leaning above the living water?

*Flowing water disturbs you. Tears off your leaves and returns
them to you.*

Who are you, setting yourself up, opposite the dazzled wall?

*The light moves on around you. And you're reborn darker,
opposite the dazzled wall.*

What word could name this simple and russet tree that writes
on the bank the memory of the sun?

Who are you? Silence has emaciated you.

The word is a surge opening into the world, inventing all
around the high ramparts of time.

But this tree is like tree. I can see nothing but this tree.

Semblance of this tree and word, the Green Queen passes be-
tween tree and word.

*Words of memory, streaked with love and silence, you live
our death close to the wind.*

Transient fire between time and myself, words trace a fugitive
lightning-stroke.

Quelle parole apaiserait ce désir qui s'excède en son apaise-
ment ? Nous divorçons en la parole de cela qu'elle pro-
mettait.

Qui es-tu, refermé sur ton signe, en attente ?

Il y a ce chemin qui nous mène à cet arbre, et ce silence sans
abri. Il y a ce chemin, cette absolue distance.

J'habite un mouvement vers toi, non pas ailleurs. Je pressens
ton écorce et te vois en aveugle.

Je vis en vous, mots de mémoire, et vers cet arbre que j'oublie.

Le froid éclate, retour de l'ombre.

Forestiers du silence, menez l'assaut de ce pays brumeux qui
s'étend entre l'arbre et le mot.

Quand les mots s'illuminent,

J'avance lentement vers cet arbre, ce mot. Naissant avec ce
mot pour naître avec cet arbre.

Quand ils ont traversé l'épaisseur du silence,

Les frontaliers m'observent. Des hommes étrangers viennent
à ma rencontre. Et leur voix est semblable à l'étrave du
torrent.

*Quand ils ont déjoué les lacis de racines qui nous trament
secrètement,*

What word could satisfy this desire which exhausts itself in achievement? In the word, we're divorced from what it promised.

Who are you, shut again on your sign, waiting?

There is this path leading us to this tree, this silence without shelter. This path, this absolute distance.

I inhabit a movement toward you, nowhere else. I sense your bark and see you as if blind.

I live in you, words of memory, and toward this tree that I forget.

Cold bursts forth, return of the shadow.

Foresters of silence, lead the assault on this misty land stretching between tree and word.

When words light up,

I move on slowly toward this tree, this word. Being born with this word to be born with this tree.

When they crossed the depths of silence,

Along the border, people observe me. Foreigners come to meet me. And their voices resemble the bow of the torrent.

When they baffled the network of roots that weave us secretly,

Parole mitoyenne, au cœur noir de l'amande,

*Quand les mots s'illuminent de tout ce long cheminement dans
la terre nocturne,*

Je me tiens à la source de la mémoire, comme devant une
porte que la hache a laissé battante.

Mon corps émerge lentement. Je marche, un bâton mince et
droit prévenant mon écho.

*De l'argile profonde qu'ils avaient épousée, ils forment une
lampe.*

Feu passager entre le temps et moi, mots de mémoire, vous
maintenez et dérobez l'accès de la présence. La lampe qui
me guide est une lampe obscure.

*Parole impérissable, ici, le centre. Il nous faut vivre de ton
ombre.*
*Dans le miroir de la durée, le temps s'apaise et nous indique
le chemin.*
*Promesse jamais tenue et jamais démentie, la Reine Verte
passe entre l'arbre et le mot.*

Common word, in the black heart of the almond.

*When words light up the length of this long trek into the
nocturnal earth.*

I keep to the source of memory, as though before a door the
axe left swinging.

My body emerges slowly. I walk, a cane straight and thin
anticipating my echo.

Out of the deep clay that they had wed, they shape a lamp.

Transient fire between time and myself, words of memory,
you keep and conceal the access to presence. The lamp
that guides me is a dark lamp.

*Imperishable word, here, the center. We must live off your
shadow.
In the mirror of duration, time is appeased and points the
path out to us.
Promise never held and never broken, the Green Queen passes
between tree and word.*

LA BELLE AU BOIS DORMANT

Dans une chambre retirée, j'ai caché mon nom et nul ne le
    connaît. J'ai muré l'entrée de la maison.
Mon nom grandit.
Quel est ce nom que j'ai caché dans cette chambre et qui est
    mien ? Je ne sais rien de lui. Il me gouverne.

Je me suis cachée dans mon nom. Je ne vois rien de la maison
    où je l'ai enfermé. Ni les murs. Ni cette issue que j'ai
    murée.

Qui veut me voir sait que je suis l'absence. Et je sais qui je
    suis. Je me suis enfermée dans mon nom et j'ai muré l'issue.
Je ne vois que des murs. Ce ne sont pas des murs. C'est mon
    nom. Je crois, je sais que c'est mon nom. J'habite un nom
    qui me gouverne.

De corridors en corridors, dans une chambre retirée, voici
    mon nom, le bout de la douleur. Le papier se défait. L'eau
    fade coule sur les murs,
Sur le mur que grillage une lumière alternative.
Jamais plus je ne quitterai cette chambre, ce nom, cette
    chambre jamais vue.

L'étoile noire qui grandit, la dure étoile qui prend la place du
    cœur ferme mes yeux sur tout ce que je vois.
Tu crois toucher le cœur de l'étoile et il te faut aller encore.
Je fixe cette étoile, en sens inverse traversant sa clarté suc-
    cessive, allant vers le fuyant noyau sans cesse rayonnant,
    vers le noyau toujours plus fluide, toujours plus sombre.

SLEEPING BEAUTY

In a secluded room, I've hidden my name and no one knows
 it. I've walled up the entrance to the house.
My name grows larger.
What is that name I've hidden in this room and is my own?
 I know nothing about it. It governs me.

I've hidden inside my name. I can see nothing of the house
 where I shut it. Neither the walls. Nor the exit I walled up.

Whoever would see me knows I am absence. And I know who
 I am. I've shut myself inside my name and I've walled up
 the exit.
Only walls I see. These are not walls. It's my name. I believe,
 I know it's my name. I inhabit a name that governs me.

Corridors on corridors, into a secluded room, here is my name,
 the end of sadness. The paper falls apart. Dank water runs
 down the walls,
The wall latticed by an alternating light.
Never again will I leave this room, this name, this room never
 seen.

Black star that grows, hard star taking the place of the heart
 shuts my eyes on everything I see.
You believe that you touch the heart of the star and still you
 must go on.
I fix this star, passing counterclockwise through its successive
 light, going on toward the receding core radiating ceaselessly,
 toward the core always more fluid, always darker.

J'ai muré l'entrée de la maison que la forêt protège. Et nul ne
  peut traverser la forêt. De halliers en halliers, de corridors
  en corridors, voici mon nom, la chambre retirée.
Voici mon nom qui a muré l'entrée de la maison, qui me
  gouverne.
Je sais qui je suis. Je sais que j'habite mon nom, pour fixer
  une noire, une dure étoile. Il faut aller encore. Aller vers le
  fuyant noyau, toujours plus fluide rayonnant.

Je ne vois rien que par mon nom qui me gouverne. Est-ce
  mon nom ? Il m'a fermé les yeux sur tout ce que je vois.
Je ne sais rien que par mon nom où je me suis murée. Je ne
  sais rien. Je sais à peine que ceci est un arbre et ceci de la
  terre.
De qui est mon regard ? Ceci est peut-être du ciel. Mais j'ai
  muré l'issue de la maison que la forêt entoure.

Pouvoir prononcer le mot paisible et faire qu'il s'apaise en
  moi. Mais je ne puis rien partager. Et j'erre solitaire, en
  mon nom déserté.
Mon nom grandit. C'est une dure et noire étoile que je fixe.
  Une forêt l'entoure. Un lac mort entoure la forêt, un lac
  d'eaux mortes.
De moi, je ne sais rien que ce nom déserté qui me gouverne
  et je suis ce désert qui habite ce nom. Je suis l'absence.

Absence. Me cherchant en ce nom que j'habite. Et me fer-
  mant les yeux sur tout ce que je vois. Je suis l'absence et
  telle est ma vérité.
De corridors en corridors, au bout de la douleur, telle est ma
  vérité. La porte s'ouvre sur l'abîme.
Je ne veux rien savoir du nom qui me gouverne. Il me gouverne
  en cette chambre où je me suis murée. Il a muré l'entrée
  de la maison qu'une forêt entoure, entouré la forêt d'un lac
  d'eaux mortes.

I walled up the entrance to the house which the forest pro-
tects. And no one can cross the forest. Thickets on thickets,
corridors on corridors, here is my name, the secluded room.
Here is my name that's walled up the entrance to the house,
that governs me.
I know who I am. I know I inhabit my name, to fix a black,
a hard star. Still I must go on. On toward the receding core,
always more fluid radiating.

I see nothing except through my name that governs me. Is it
my name? It shuts my eyes on everything I see.
I know nothing except through my name where I've walled
myself in. I know nothing. I can hardly tell that this is a
tree, that this is a bit of earth.
Whose gaze is mine? Perhaps the sky's. But I walled up the
exit of the house which the forest surrounds.

To be able to pronounce the peaceful word and make every-
thing quiet inside myself. But I can share nothing. I wan-
der alone in my deserted name.
My name grows larger. It's a hard and black star I fix. A for-
est surrounds it. A dead lake surrounds the forest, a lake
of dead waters.
About myself, I know nothing except this deserted name that
governs me and I am this desert that inhabits this name, I
am absence.

Absence. Looking for me in this name I inhabit. And shut-
ting my eyes on everything I see. I am absence and this is
my truth.
Corridors on corridors, at the end of sadness, this is my truth.
The door opens on the abyss.
I want to know nothing about the name that governs me. It
governs me in the room where I've walled myself in. It
walled up the entrance to the house which the forest sur-
rounds, surrounded the forest with a lake of dead waters.

Celui qui me nommerait ferait tomber les murs. Je marcherai,
  le long des corridors. Entre les murs qui tomberont, l'un
  après l'autre.
Je ne sais pas le nom qui me gouverne et qui est mien. J'ignor-
  erai toujours ce nom que je veux ignorer. J'épaissis la forêt.
  L'eau du lac.
Un lac mort entoure la forêt. J'ai muré l'entrée de la maison.
  Dans une maison retirée, j'ai caché mon nom et nul ne le
  connaît.

A chacun de mes pas, je n'appartiendrai plus à ce nom qui me
  gouverne. Il ne règnera plus sur chacun de mes pas. J'avan-
  cerai. Au bord d'un lac limpide.
Je ne trahirai pas ce nom. Je me livre à ce nom qui me dévore.
  Absente — et telle est ma vérité — j'approfondis l'absence.
En songe, je progresse. Accroissant l'étendue étincelante et
  nue. En mon nom déserté, je procède. En la chambre
  murée où m'enferme mon nom.

Je ne puis m'échapper du nom qui me gouverne et qui n'est
  pas le mien. Je ne puis m'éveiller. En songe, je procède.
Je crois toucher le cœur de l'étoile. Et il me faut aller encore.
  Vaste est la douleur. Jamais je n'en verrai une limite.
Vaste est le nom trompeur qui me gouverne et je ne peux m'en
  échapper. J'ai muré l'issue. Mon nom caché mure l'issue.

J'ose dire ce nom. Ce nom qui n'est pas le mien. Et me voici
  comme devant une porte que la hache a laissée battante.
Naissant d'un tas de cendres nues.

Naissant au jour lucide.

Septembre 1962—Janvier 1963.

Whoever would name me would make the walls drop. I will
   walk, the length of the corridors. Between walls dropping
   one after another.
I don't know the name that governs me and is my own. I will
   always ignore this name I wish to ignore. I make the forest
   thicker. The lake deeper.
A dead lake surrounds the forest. I walled up the entrance to
   the house. In a secluded room, I've hidden my name and
   no one knows it.

With every step, I will no longer be tied to this name that
   governs me. No longer will it rule over my every step. I
   will go forward. At the edge of a clear lake.
I will not betray this name. I surrender to this name that
   devours me. Absent—this is my truth—I go deeper into
   absence.
Dreaming, I progress. Enlarging the sparkling and naked ex-
   panse. In my deserted name, I proceed. In walled up room
   where my name encloses me.

I can't break loose from this name that governs me and isn't
   my own. I can't wake up. Dreaming, I proceed.
I believe I touch the heart of the star. And still I must go on.
   Vast is sadness. I will never see its limits.
Vast is the deceitful name that governs me and I can't break
   loose from it. I walled up the exit. My hidden name walls
   up the exit.

I dare to say this name. This name that isn't my own. And
   here I am as if before a door the axe left swinging.
Being born of a heap of naked ashes.

Being born into the lucid day.

September 1962–January 1963.

CHRONIQUE DE L'AUTOMNE

Si je te vois.

Mais je te vois ou te verrai. Tu es debout dans la lumière et la
   lumière s'avance vers toi.
Je ne sais pas encore que la lumière te regarde avant de
   t'épouser. Une ombre, dans le ciel, change de place et l'été
   se transforme.

*Se cache quelque part le cri quelconque d'un oiseau. Dans
   peu de temps, le soleil sera étendu dans le jardin qui se
   prépare.*

Ta robe est blanche et tu as tiré tes cheveux sur le côté des
   tempes.
Je regarde, au loin, dans la lumière. Il me faut faire ce chemin
   jusqu'à cette image trop blanche. Et tu es là, seulement là.

Si je te vois.

Si je m'approche.

Je m'avance et ne peux te toucher. Tu es debout, ne parlant
   pas, dans la lumière, à naître, t'exerçant.
Tu es peut-être là. Tu es seulement là. J'avance à la rencontre
   d'une mémoire plus ancienne que nous.

CHRONICLE OF AUTUMN

If I see you.

But I do or shall see you. You're standing in the light and the
   light moves toward you.
I still can't tell if the light looks on you before becoming one
   with you. A shadow, in the sky, moves on and the summer's
   transformed.

*Somewhere a birdcall is hidden. In a little while, the sunlight
   will spread over the garden that readies itself.*

Your dress is white and you've drawn your hair over the sides
   of your temples.
I look, in the distance, into the light. I must make my way
   toward that image far too white. And you are there, only
   there.

If I see you.

If I draw near.

I move on and I may not touch you. You are standing, not
   speaking, in the light, straining yourself to be born.
You are there perhaps. You are only there. I move on toward
   an encounter with a memory more ancient than us.

Je traverse le jardin que je ne vois pas. Le jardin tranquille
entre par la fenêtre et je ne le vois pas.

Par la fenêtre, tu regardes le jardin, les collines, plus loin, le
ciel. Tu regardes peut-être en deçà de la chambre. Image
blanche. Image bien trop blanche.
Tu souris à peine. Tu tires davantage tes cheveux. De chaque
paume, tu retiens tes cheveux sur le côté des tempes. Tu
souris. Tu avances dans ton sourire qui t'éclaire, dans la
lumière en toi naissante qui t'enferme.

Si je m'approche.

Si je te parle.

Je te parle et sais-je seulement ce qu'est une parole ? Encore
un pas vers toi, je te verrai. La lumière sableuse nous
entoure et sépare.

L'oiseau se tait et le jardin s'enfonce où mémoire n'est plus
d'aucun jardin. L'oiseau tient le jardin dans un quelconque
chant. Cache son chant dans le jardin.

Je te vois. J'ai tenté de te voir. Je parle. Je te parle. Il n'y a
pas encore de parole. J'essaierai de parler. J'essaye d'avancer
sur le chemin sableux de la parole. Et je n'approche pas. Tu
es là. Tu es seulement là.

L'erre de cet oiseau dessine une frontière ronde et quel passeur
oserait la franchir ? Mais si j'avance et je te vois, mais si je
parle ?

I pass through the garden I can't see. The tranquil garden en-
ters through the window and I can't see it.

Through the window, you look out on the garden, the hills,
  farther, the sky. You look perhaps on this side of the room.
  White image. Image far too white.
You smile slightly. You draw back more of your hair. With
  each palm, you draw your hair over the sides of your
  temples. You smile. You move on into your smile that
  illumines you, into the light being born in you that closes
  in upon you.

If I draw near.

If I speak to you.

I speak to you and do I even know what a word is? Another
  step toward you, I shall see you. The sandy light hems us
  in and keeps us apart.

The bird grows silent and the garden penetrates where there's
no longer memory of any garden. The bird holds the gar-
den in a simple song. Hides its song in the garden.

I see you. I've tried to see you. I speak. I speak to you. But
  no words come. I will try to speak. I try to move ahead
  on the sandy path of the word. And I come no closer. You
  are there. Only there.

The flight of that bird draws a ring all around and what ferry-
man would dare cross over? But if I move on and I see you,
if I speak?

Il y a ce chemin qui se défait, sous chacun de mes pas, le
sable qui déboule et qui brûle les yeux.

Si je parle.

*Debout dans la lumière et souriant à peine, image blanche,
    image bien trop blanche,
Tu avances lentement dans l'espace qui s'ouvre. Et plus proche
    je suis qui vais à ta rencontre, et plus proche je suis, plus loin-
    taine tu marches.*

L'oiseau se cache dans le jardin dont son chant tient l'accès.

There's this path that crumbles, under each of my steps, the
    sand that tumbles down and burns my eyes.

If I speak.

*Standing in the light and smiling slightly, white image, image
    far too white,*
*You move on slowly into the space that opens. And I who
    go to meet you draw closer, and the closer I am, the farther
    away you walk.*

The bird hides in the garden, its song holds the way.

LES ENFANTS DE LA NUIT

Ils se sont attardés. L'automne pâlissait déjà. L'air limpide
éloignait tout ce qui était proche. Ils se sont attardés. Nous
nous en souvenons.

Ils n'avaient pas de nom. On les voyait à peine. Ils étaient
parmi nous et se taisaient. Leur visage était blanc et nul ne
sut jamais d'où ils étaient venus, quel était leur chemin. Un
jour, ils partiraient. Un jour, peut-être, ils partiraient. Ils
étaient parmi nous. Les noms qu'on leur prêtait, c'était par
ouï-dire. Ils n'avaient pas de nom que, vraiment, l'on connût.
Souvent, ils se tenaient debout sur le bord de la route. Ils
regardaient l'automne et l'air limpide. Ils se prenaient la main.
Ils se taisaient.

Ils se sont attardés dans l'automne fragile. Ils étaient parmi
nous. Ils attendaient parfois sur le bord du chemin. Et le
cristal du jour n'en finissait pas de s'obscurcir. Ils se taisaient.
Nous attendions douloureusement la nuit.
Ils ont le visage blanc, usé comme un caillou. Ce visage pen-
chait, parfois, vers nous. Ils ont le visage blanc, lisse comme
un miroir, parfois très calme quand il se penche vers nous.
Ils attendent.

Ils ne s'attardent pas. Ils attendent.

Je leur parle. Ils se taisent.

Il n'est plus temps de dormir. Il n'est pas temps de mourir.

CHILDREN OF NIGHT

They lingered. Already the autumn was growing pale. The
clear air made everything nearby seem farther away. They
lingered. We remember.

They were nameless. We barely saw them. They were among
us and kept silent. Their faces were white and no one ever
knew where they had come from, what their path was. One
day, they'd leave. One day, perhaps, they'd leave. They were
among us. The names we gave them were only hearsay. They
had no name that anyone, truly, knew.
Often, they stood by the roadside, watching the autumn and
the clear air. They held hands. They kept silent.

They lingered in the frail autumn. They were among us. At
times, they waited beside the path. And the crystal of day
grew darker. They kept silent. Sadly, we awaited the night.
They have white faces, worn like pebbles. These faces leaned
toward us at times. White faces, polished like mirrors, very
calm when they lean toward us. They wait.

Not lingering. They wait.

I speak to them. They keep silent.

It's no longer time to sleep. It isn't time to die.

DU HAUT DES MURS DE ZIMBABWE

A FRANCIS ET GENEVIÈVE MIROGLIO

Je me souviens d'un lac, de l'image d'un lac. Le ciel est
transparent. Des arbres noirs bordent l'eau pâle. Il faut
longtemps pour qu'un visage émerge et s'y reflète.

La trace d'un oiseau sur le ciel transparent, légère trace, à
peine un fil, la trace d'un oiseau furtif tisse l'espace pur,
trame l'espace.

Je me souviens de ce pays, de cette image d'un pays où un
lac transparent promettait la mémoire, où l'image d'un lac
accompagnait l'image froide un peu de mille et de mille autres
lacs.

Je me souviens de cet espace. Il était transparent à l'image
du ciel, à l'image d'un lac. De loin en loin, le jalonnait une
colline. Il promettait ce que jamais l'espace n'a promis, la
mémoire limpide.

Les murailles dressaient vers l'occident la haute flamme, un
signe pour les morts. Et les morts s'avançaient. Les morts se
rassemblaient et regardaient la flamme. Ils marchaient lente-
ment, depuis cet horizon, au-delà des collines.

Je me souviens de l'horizon qu'à peine contrariait une
colline, de loin en loin. Chaque colline nous guidait vers
l'insensible ligne, une légère trace, à peine un fil, la trace d'un
oiseau sur le ciel transparent.

La pierre presque bleue, la pierre presque grise apprivoise
le ciel. Secrètement illuminée. Naissant secrètement. Je
marche entre les pierres bleues, grises un peu.

FROM HIGH ON THE WALLS OF ZIMBABWE

TO FRANCIS AND GENEVIÈVE MIROGLIO

I remember a lake, image of a lake. The sky's transparent. Black trees line the pale water. It takes a long time for a face to emerge and be reflected.

Trace of a bird on the transparent sky, thin trace, barely a thread, trace of a furtive bird spinning pure space, weaving space.

I remember this country, this image of a country where a transparent lake promised a memory, where the image of a lake accompanied the cold image, a bit of thousands and thousands of other lakes.

I remember this space. It was transparent in the image of the sky, image of a lake. Here and there, a hill marked it off. It promised what space never promised, a clear memory.

High walls lifted toward the west the high flame, a sign for the dead. And the dead moved forward. The dead gathered and watched the flame. They walked slowly, from that horizon, beyond the hills.

I remember the horizon slightly impeded by a hill, here and there. Each hill guided us toward the imperceptible line, a thin trace, barely a thread, trace of a bird on the transparent sky.

The stone nearly blue, the stone nearly gray tames the sky. Secretly lit. Being born secretly. I walk among blue stones, slightly gray.

Comme un grand signe qui se ferme, ellipse rassemblant en
son hymne un pays. J'avance entre les murs, vers une plage,
son secret.

Vers une plage, vers un peu de plaisir, vers un peu de
sable, un peu de silence, ainsi j'avance entre les murs. Une
lumière, à peine une lumière égalise le jour. D'un seul et
même mouvement.

Je me souviens de ce pays. Sa brève image est rassemblée
entre ces murs où les fanals dressés se ruinent lentement. Je
me souviens d'un horizon. Si lointaine est la mer . . .

Si lointaine est la mer. A pas pesants, les morts, à pas
pesants, viennent les morts. A l'appel de ces feux sur le faîte
des murs, les morts tranquillement répondent.

Tranquillement, je me souviens, tranquillement. La nuit
laisse parler les morts qui viennent de la mer, à pas pesants,
tranquillement, qui viennent de la mer, de l'horizon.

Je me souviens d'un lac où les bœufs viennent boire. A pas
pesants, tranquillement, s'avance le troupeau. La nuit laisse
parler les morts, une dernière fois. Les morts qui épuisent la
mort et, l'épuisant, l'apaisent.

Pour le plaisir, pour le bonheur si l'on voulait, une promesse,
une promesse d'eau. Une calme fumée montait dans la nuit
claire, inaltérable.

Je me souviens d'un ciel. Il était transparent. Préparant la
nuit claire. A l'orient, je me souviens d'un lac où les morts
viennent boire. Il garde la mémoire, intacte, inviolée.

Je me souviens de l'horizon, la trace d'un oiseau sur le ciel
transparent. Je me souviens de ce pays. Je rêve d'un pays.

Like a great sign closing in on itself, ellipse gathering in its hymn a country. I move on among walls, toward a beach, its secret.

Toward a beach, toward a bit of pleasure, toward a bit of sand, a bit of silence, and so I move on among the walls. A light, barely a light equalizes the day. With a single uniform motion.

I remember this country. Its brief image is gathered among these walls where raised lanterns rust slowly. I remember a horizon. So distant—the sea . . .

So distant—the sea. With heavy steps, the dead, with heavy steps, come the dead. To the call of these fires atop the walls, the dead respond tranquilly.

Tranquilly, I remember, tranquilly. Night lets the dead speak, who come from the sea, with heavy steps, tranquilly, who come from the sea, from the horizon.

I remember a lake where cattle come to drink. With heavy steps, tranquilly, the herd moves forward. Night lets the dead speak, one last time. The dead who drain death and emptying it, pacify it.

For pleasure, happiness, if you wished, a promise, a promise of water. Calm smoke rose into the clear night, inalterable.

I remember a sky. It was transparent. Preparing the clear night. In the east, I remember a lake where the dead come to drink. It holds the memory intact, inviolate.

I remember the horizon, trace of a bird on the transparent sky. I remember this country. I dream of a country.

L'inaccessible oiseau a crié le secret. L'espace m'est promis,
l'espace qui apaise.

Ciel fragile — espace !

Image de l'espace, image de ce ciel, en mille et mille lacs
images reflétées, j'habite ce pays, l'image d'un pays, ici fondé.

Je me suis avancé vers la plage secrète. Entre mes doigts,
coule le sable. Un oiseau désolé criait et resserrait son erre.
Il tourne lentement, il creuse lentement l'espace intérieur. Il
criait le secret, la parole limpide
                              et désormais inaccessible à
qui la recevait.

Août 1962–Août 1963.

The inaccesible bird cried out the secret. Space is promised
to me, space that soothes.

Fragile sky—space!

Image of space, image of this sky, in thousands and thou-
sands of lakes images reflected, I inhabit this country, image
of a country, created here.

I've moved on toward the secret beach. Between my fingers
the sand pours. A desolate bird cried and drew tight its course.
It turns slowly, hollowing slowly the inner space. It cried out
the secret, clear word
                          and from now on inaccessible
to whoever received it.

August 1962–August 1963.

LA TABLE EST MISE POUR LE JOUR . . .

A RENÉ MÉNARD

I

La table est mise pour le jour où la mort sera proche. Alors,
   tout sera prêt. Voici le pain qu'un feu patient a crevassé
   et la cruche d'argile où le vin rafraîchit. Sur la nappe, leur
   ombre est en attente et quelle main les saisira ?
Les convives absents ne savent pas encore quel est notre espoir.
   Depuis longtemps, l'été s'est endormi parmi les herbes du
   marais. De grands oiseaux errants le veillent en silence.
Sur la table servie, à grands angles tombants, le lin jaunit déjà.
   Douceur qui se souvient, le bois traverse lentement la nuit
   de l'arbre. Et sur le faîte des forêts, le jour méticuleux n'en
   finit plus.

Hâtivement, le vent appelle une voix sur la mer. Une proue
   est dressée à l'occident. Dans le radoub, les barques tour-
   nent sur leur ancre.

Grande oraison de feuilles en attente, au loin, les arbres brû-
   lent silencieux. L'orgue respire à long souffle paisible. Il
   épouse la mer inconnue et son ombre.
Dans l'âtre, le bûcher bâtit une autre salle et une autre forêt.
Il célèbre à son seuil l'étoile qui voyage et la cendre fidèle.
   Une autre salle veille et une autre forêt traverse sa mémoire.
Première invitée, la nuit entre un peu. Mais elle n'ose encore.
   Et s'attarde devant les dalles du seuil gris. Patiente, assise
   sous de hautes frondaisons, elle s'apaise et s'offre, en secret,
   pour partage.

THE TABLE IS SET FOR THE DAY . . .

TO RENÉ MÉNARD

I

The table is set for the day when death will draw near. Then,
   everything will be prepared. Here the bread split open by a
   patient fire and a pitcher of clay filled with wine which is
   cooling. On the tablecloth, their shadows are waiting and
   what hand will grasp them?
The absent guests still do not know what we hope for. A long
   time the summer slept in the marsh grass. Great migratory
   birds watch over it in silence.
On the set table, in wide falling angles, already the linen turns
   yellow. Softness that remembers, the wood slowly passes
   through the tree's night. On the crest of the forests the
   meticulous day does not end.

Hastily, the wind summons a voice above the sea. A prow's
   lifted toward the west. In the dry-dock, the boats turn on
   their anchors.

Great orison of waiting leaves, in the distance, the trees burn
   silently. The organ inhales a long peaceful breath. It unites
   the unknown sea and its shadow.
On the hearth, the stacked logs build another hall and another
   forest.
It celebrates on its threshold the travelling star and the faith-
   ful ash. Another hall keeps vigil and another forest passes
   through its memory.
First guest, night enters a bit. But still it doesn't dare. And
   lingers before the flagstones of the gray threshold. Patient,
   seated beneath the high foliage, it grows quiet, offering
   itself in secret to be shared.

Il est tard et le jour n'en finit plus. La porte du jardin est
peut-être trop basse et, dans l'allée, une dalle vacille.

Ils sont venus par la forêt, par des chemins de cendres et
de sable. Ils se sont rencontrés où les allées se croisent.

Le vent sauvage éveille ceux qui longent la falaise, une lampe
à la main. Il marche, enveloppé d'oiseaux.

Derrière la maison où veille une lueur, ils se sont rassemblés.
Le jour était intact et la clairière à peine sombre.

Faiblement bat l'horloge et le feu s'assombrit. A grandes
enjambées, marche le vent.

Les émissaires de jadis les annoncent déjà. Le chèvrefeuille a
dit le nom de celle qui poussa le battant du portail.

Un pas, ce n'est qu'un pas, sur la route lointaine. Et c'est le
vent qui a poussé le battant du portail.

Du carrefour de la forêt, les convives absents se sont mis en
chemin. Et ils se sont guidés sur la lueur qui vacille parmi
les feuilles.

L'horloge bat plus fort et le feu se ranime. Ils éveillent la nuit
promise qui se lève. Ils apprivoisent la Présence.
Sous les austères frondaisons, l'orgue se tait, la haute salle est
maintenant obscure. Un éclair de chaleur, dans le verger,
a fait naître un massif un peu pâle, fermant l'horizon au
regard.

It's late and the day does not end. The gate to the garden is
perhaps too low and, in the lane, a flagstone wobbles.

They came by way of the forest, on paths of sand and ashes.
They met where the lanes cross each other.

The untamed wind, holding a lamp, awakens those who skirt
the cliff. It walks, cloaked in birds.

They gathered behind the house where a glimmer keeps vigil.
The day was unbroken, the clearing slightly dark.

Faintly the clock strikes and the fire grows dark. With great
strides, walks the wind.

Already the emissaries from long ago announce them. The
    honeysuckle spoke the name of the one who thrust open
    the portal door.

A step, only a step, on the distant road. And it's the wind
who thrust open the portal door.

From the crossroads in the forest, the absent guests have
    started on their way. And they were guided by a glimmer
    flickering among the leaves.

The clock strikes louder and the fire comes alive again. They
    awaken the promised night who rises up. They tame the
    Presence.
Beneath the austere foliage, the organ falls silent, the great
    hall's now dark. Heat-lightning, in the orchard, gave birth
    to a mass of leaves, slightly pale, shutting the horizon to
    the glance.

Le vent s'est tu, comme en attente, sur la mer. Il y a cette
vague, à peine creuse, où l'oiseau suspendu convoite le
silence. Et dans l'ombre, la voix se parle et se répond.

L'horloge bat plus fort et le feu se ranime. La seconde invitée,
celle qui nomme et qui désigne, en robe claire passe parmi
les meubles allourdis.
Et c'est une clarté qui traverse la nuit des arbres en sommeil,
qui épouse la table et la cruche et le pain. Qui pose sur
chacun le regard triste de l'espoir.

II

Les convives absents sont déjà repartis. L'huile des lampes
baisse. Et la nappe est brillante. A l'aube, le soleil témoi-
gnera pour nous qui fûmes visités. Sur la table servie, la
cruche tendre et le pain noir demeureront, intacts et silen-
cieux, signes d'alliance et nous alliant

A la cendre apaisée du recommencement.

The wind is silent, as if waiting, above the sea. There is this
wave, slightly hollow, where the hovering bird yearns for
silence. And in the shadow, the voice speaks to itself and
responds.

The clock strikes louder and the fire comes alive again. The
second guest, the one who names and designates, in a light
dress passes by the heavy marble furniture.
And it's a brightness that passes through the night of sleeping
trees, that unites the table and the pitcher and the bread.
That casts on each the sad glance of hope.

II

Already the absent guests have started out again. The oil in
the lamps burns low. And the tablecloth's brilliant. At
dawn, the sun will bear witness, we were visited. On the
set table, the delicate pitcher and the black bread will re-
main, unbroken and silent, signs of union and uniting us

With the quenched ash of new beginnings.

POETRY BY JEAN LAUDE

Entre deux morts, G.L.M., 1947.
Le grand passage, Éditions du Dragon, 1954.
Les saisons et la mer, Éditions du Seuil, 1959.
Les plages de Thulé, Éditions du Seuil, 1964.
Sur le chemin du retour, Club du Poème, 1967.
Ormes, Club du Poème, 1972.
Diana Trivia, Brunidor, 1973.
En attendant un jour de fête, Fata Morgana, 1974.
Discours inaugural, Fata Morgana, 1974.
Rituel, Orange Export Ltd. (Collection: Chute), 1978.
Le dict de Cassandre, Fata Morgana, 1982.

JEAN LAUDE was born on May 11, 1922 in Dunkirk
in the north of France bordering on Flanders. This land-
scape of cold seas and desolate beaches greatly influenced
the poetry he was to write. Widespread attention was
first drawn to his poetry by its inclusion in the now
famous anthology edited by Jean Paris which introduced
the new generation of postwar poets. Besides essays in
numerous journals, he has written a volume on poetics
entitled *Le mur bleu* (Éditions du Seuil, 1965). He is
also well-known as an author of works on African tribal
art and culture and has written a book on the influence
of tribal art on twentieth century painting and sculpture.
Jean Laude died on December 8, 1983.

DAVID CLOUTIER has published four volumes of
poetry: *Soft Lightnings* (Copper Beech, 1982), *Tongue
and Thunder* (Copper Beech, 1980), *Tracks of the Dead*
(Blue Cloud, 1976) and *Ghost Call* (Copper Beech, 1976).
He has also published several volumes of versions and
translations. Besides the work of Jean Laude, he has
translated two collections of poetry by the contempor-
ary French poet Claude Esteban, *White Road: Selected
Poems* (Charioteer, 1979) and *Transparent God* (KOS-
MOS, 1983).

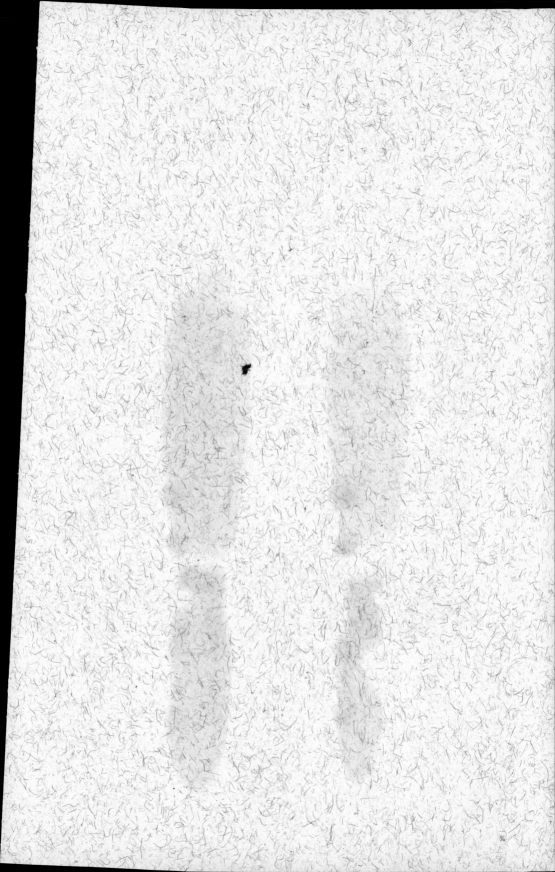

DATE DUE
